Les animaux

Fiona Undrill

Heinemann
LIBRARY

Animals

www.heinemann.co.uk/library
Visit our website to find out more information about Heinemann Library books.

To order:
☎ Phone 44 (0) 1865 888066
  Send a fax to 44 (0) 1865 314091
📄 Visit the Heinemann Bookshop at www.heinemann.co.uk/library to browse our
💻 catalogue and order online.

First published in Great Britain by Heinemann Library, Halley Court, Jordan Hill, Oxford OX2 8EJ, part of Harcourt Education. Heinemann is a registered trademark of Harcourt Education Ltd.

Editorial: Charlotte Guillain
Design: Joanna Hinton-Malivoire
Picture research: Ruth Blair
Production: Duncan Gilbert

Printed and bound in China by
Leo Paper Group.

ISBN 9780431931234 (hardback)
11 10 09 08 07
10 9 8 7 6 5 4 3 2 1
ISBN 9780431931333 (paperback)
11 10 09 08 07
10 9 8 7 6 5 4 3 2 1

**British Library
Cataloguing in Publication Data**
Undrill, Fiona
Les animaux = Animals. - (Modern foreign languages readers)
1. French language - Readers - Animals 2. Animals - Juvenile literature 3. Vocabulary - Juvenile literature
448.6'421
A full catalogue record for this book is available from the British Library.

Acknowledgements
The publishers would like to thank the following for permission to reproduce photographs:
© Corbis pp. **16** (Newmann/zefa), **19** (B. Pepone/zefa); © Digital Stock pp. **3**, **4**, **6**; © Harcourt Education pp. **20**, **22** (Tudor Photography); © Istockphoto/Skynesher pp. **12**, **15**; © 2007 Jupiter Images Corporation pp. **8**, **11**

Cover photograph of elephants reproduced with permission of Corbis (Bruno Levy/zefa).

Every effort has been made to contact copyright holders of any material reproduced in this book. Any omissions will be rectified in subsequent printings if notice is given to the publishers.

Table des matières

Try to read the question and choose an answer on your own.

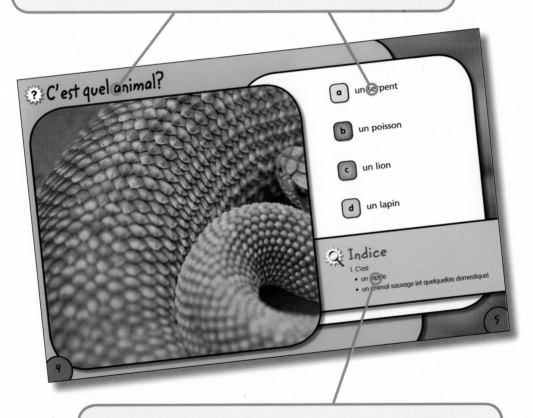

You might want some help with text like this.

a un serpent

b un poisson

c un lion

d un lapin

 Indice

1. C'est:
- un reptile
- un animal sauvage (et quelquefois domestique)

Réponse

| a | un serpent |

Morts par an à cause de morsures de serpent

le Royaume-Uni	0
l'Australie	1–2
les Etats Unis	5–10
l'Inde	10 000
le monde entier	125 000

C'est quel animal?

a   un lion

b   un chat

c   un tigre

d   une souris

 Indices

1. C'est:
- un mammifère
- un animal sauvage
- un grand chat

2. Traits distinctifs: grandes rayures noires sur un corps orange

Population des tigres en Inde

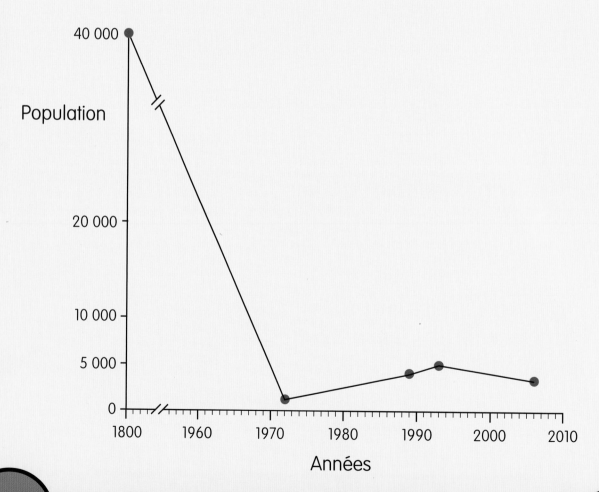

a un chien

b un poisson

c un cochon d'Inde

d un lion

 Indice

1. C'est:
- un mammifère
- un animal sauvage
- un grand chat

Réponse

d un lion

	le lion	le tigre
poids	(m) 150-225kg (f) 120-150kg	(m) 180-280kg (f) 115-185kg
hauteur	80-110cm	80-110cm
longeur	170-190cm	140-280cm
durée de vie	12-16 ans (sauvage) 30 ans (au zoo)	8-10 ans (sauvage) 20 ans (au zoo)
mange	le buffle, l'antilope, le zèbre, la girafe, le cerf, le phacochère	le cerf, le buffle, le cochon sauvage, le poisson, le singe, les reptiles, l'éléphant (bébé)

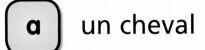

a un cheval

b un rat

c un chien

d un oiseau

 Indices

1. C'est:
   - un mammifère
   - un animal sauvage et domestique
2. Traits distinctifs: les dents pointues

Réponse

C un chien

Des chiens connus

Chien	Film/Livre, etc.
Fang	Harry Potter
Gelert	légende galloise
Goofy	Disney
Idéfix	Astérix
Petit Papa Noël	Les Simpson
Pongo et Perdita	Les 101 Dalmatiens
Toto	Le Magicien d'Oz

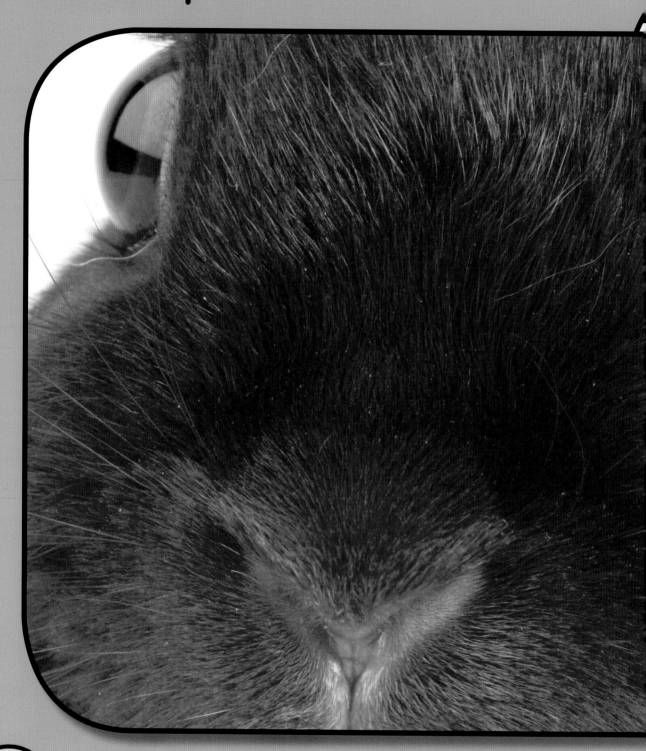

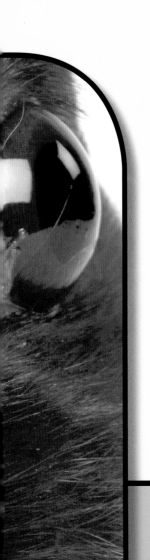

a un chat

b un cochon d'Inde

c un cheval

d un lapin

 Indices

1. C'est:
   - un mammifère
   - un animal sauvage et domestique
2. Traits distinctifs: les grandes oreilles

✓ Réponse

d un lapin

La vitesse des animaux

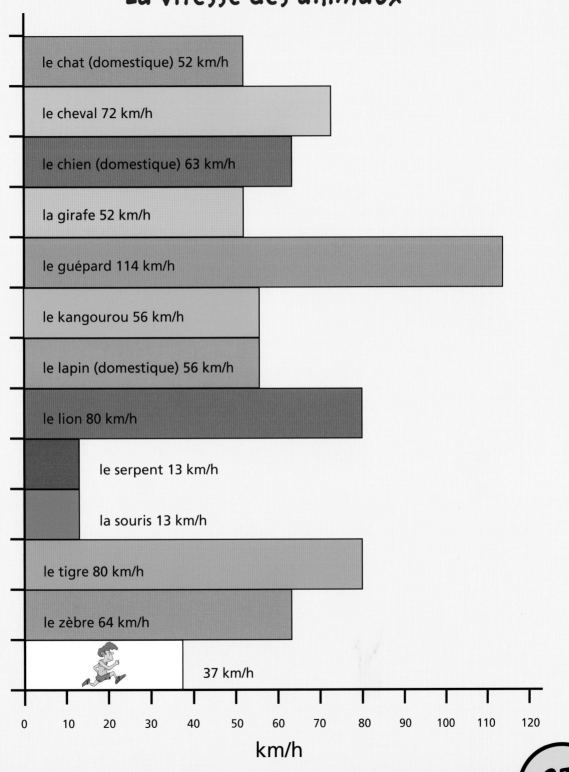

le chat (domestique) 52 km/h

le cheval 72 km/h

le chien (domestique) 63 km/h

la girafe 52 km/h

le guépard 114 km/h

le kangourou 56 km/h

le lapin (domestique) 56 km/h

le lion 80 km/h

le serpent 13 km/h

la souris 13 km/h

le tigre 80 km/h

le zèbre 64 km/h

37 km/h

0   10   20   30   40   50   60   70   80   90   100   110   120

km/h

Vocabulaire

24